Genussmomente

WOHLFÜHL-WINTERKÜCHE

EIN BUCH DER
EDITION MICHAEL FISCHER

INHALTS-VERZEICHNIS

SCHMORGERICHTE 40

DESSERTS 54

GRUNDLAGEN

BASISBRÜHEN

RINDERBRÜHE

FÜR 2L

- 500 g Suppenfleisch
- 2 Markknochen (Rind)
- Salz
- ½ Bund Suppengemüse
- 1 Zwiebel

SO GEHT'S

1 Das Suppenfleisch und die Markknochen waschen, in einen Topf geben, salzen und etwa 2,5 l kaltes Wasser dazugießen. Alles aufkochen. Das Suppengemüse putzen, waschen, klein schneiden und hinzufügen.

2 Die Zwiebel mit Schale halbieren und die Schnittflächen in einer heißen Pfanne leicht bräunen, dann in den Topf geben. Die Brühe bei niedriger Hitze etwa 1 Stunde 30 Minuten zugedeckt köcheln lassen. Die Brühe durch ein Haarsieb passieren und auffangen. Das Fleisch klein schneiden und als Einlage verwenden.

HÜHNERBRÜHE

FÜR 2,5L

- 1 küchenfertiges Freiland-Suppenhuhn (ca. 1 kg)
- Salz
- 4 schwarze Pfefferkörner
- 1 Zwiebel
- 1 Bund Suppengemüse

SO GEHT'S

1 Das Suppenhuhn innen und außen gründlich waschen und in einen großen Topf geben. Mit 3 l kaltem Wasser bedecken. 1 TL Salz und die Pfefferkörner hinzufügen und aufkochen.

2 Die Zwiebel mit Schale halbieren. Das Suppengemüse putzen, waschen und klein schneiden. Mit der Zwiebel in den Topf geben. Alles aufkochen und bei mittlerer Hitze etwa 1 Stunde 15 Minuten zugedeckt köcheln lassen. Die Suppe zweimal durch ein Haarsieb passieren und auffangen.

3 Das Huhn häuten und entbeinen. Das Fleisch klein schneiden und als Suppeneinlage oder für Salat verwenden.

GEMÜSEBRÜHE

FÜR 2L

- 1 Bund Suppengemüse
- 1 Zwiebel
- 2 EL Pflanzenöl
- 2 Lorbeerblätter
- Salz
- Pfeffer

SO GEHT'S

1 Das Suppengemüse waschen, putzen und in kleine Stücke schneiden. Die Zwiebel mit Schale in Viertel schneiden.

2 Das Pflanzenöl in einem Topf erhitzen, das Suppengemüse darin 2–3 Minuten andünsten. 2,5 l Wasser dazugießen, die Lorbeerblätter und Zwiebelviertel sowie 1 Prise Salz dazugeben.

3 Alles aufkochen und bei mittlerer Hitze etwa 1 Stunde zugedeckt köcheln lassen. Danach die Brühe durch ein Haarsieb passieren und auffangen. Die Brühe mit Salz und Pfeffer würzen.

TIPP

Bei der Zubereitung einer Gemüsebrühe können Reste von Gemüse mitgekocht werden, z. B. Zucchini, Champignons, Wurzelgemüse oder auch Gemüseschalen.

Saisonkalender

GEMÜSE/SALAT/PILZE	JANUAR	FEBRUAR	MÄRZ	APRIL	MAI
Aubergine					grün
Bataviasalat					
Blumenkohl					
Bohnen					
Brokkoli					
Champignons	grün	grün	grün	grün	grün
Chicorée	grün	grün	grün		
Eichblattsalat					
Eisbergsalat					
Erbsen					
Feldsalat	grün	grün	grün	grün	
Fenchel					
Grünkohl	grün	grün			
Gurken					grün
Kartoffeln	gelb	gelb	gelb	gelb	gelb
Knoblauch	gelb	gelb	gelb	gelb	gelb
Knollensellerie	gelb	gelb	gelb	gelb	
Kohlrabi	gelb	gelb	gelb	grün	grün
Kopfsalat					
Kürbis	gelb	gelb			
Lauch	grün	grün	grün	grün	
Mais					
Mangold					
Meerrettich					grün
Möhren	gelb	gelb	gelb	gelb	gelb
Paprika					grün
Pastinake	gelb	gelb	gelb	gelb	
Petersilienwurzel	gelb	gelb	gelb	gelb	
Pfifferlinge					
Radieschen				grün	grün
Rettich					
Romansalat					grün
Rosenkohl	grün	grün	grün	grün	
Rote Bete	gelb	gelb	gelb		
Rotkohl	gelb	gelb			
Rucola					grün
Schwarzwurzel	grün	gelb			
Spargel				grün	grün
Spinat					grün
Stangensellerie					
Steckrüben	grün	gelb	gelb		
Steinpilze					
Tomaten					
Topinambur	gelb	gelb	gelb	gelb	
Weißkohl	gelb	gelb			
Wirsing	grün				
Zucchini					
Zwiebeln	gelb	gelb	gelb		

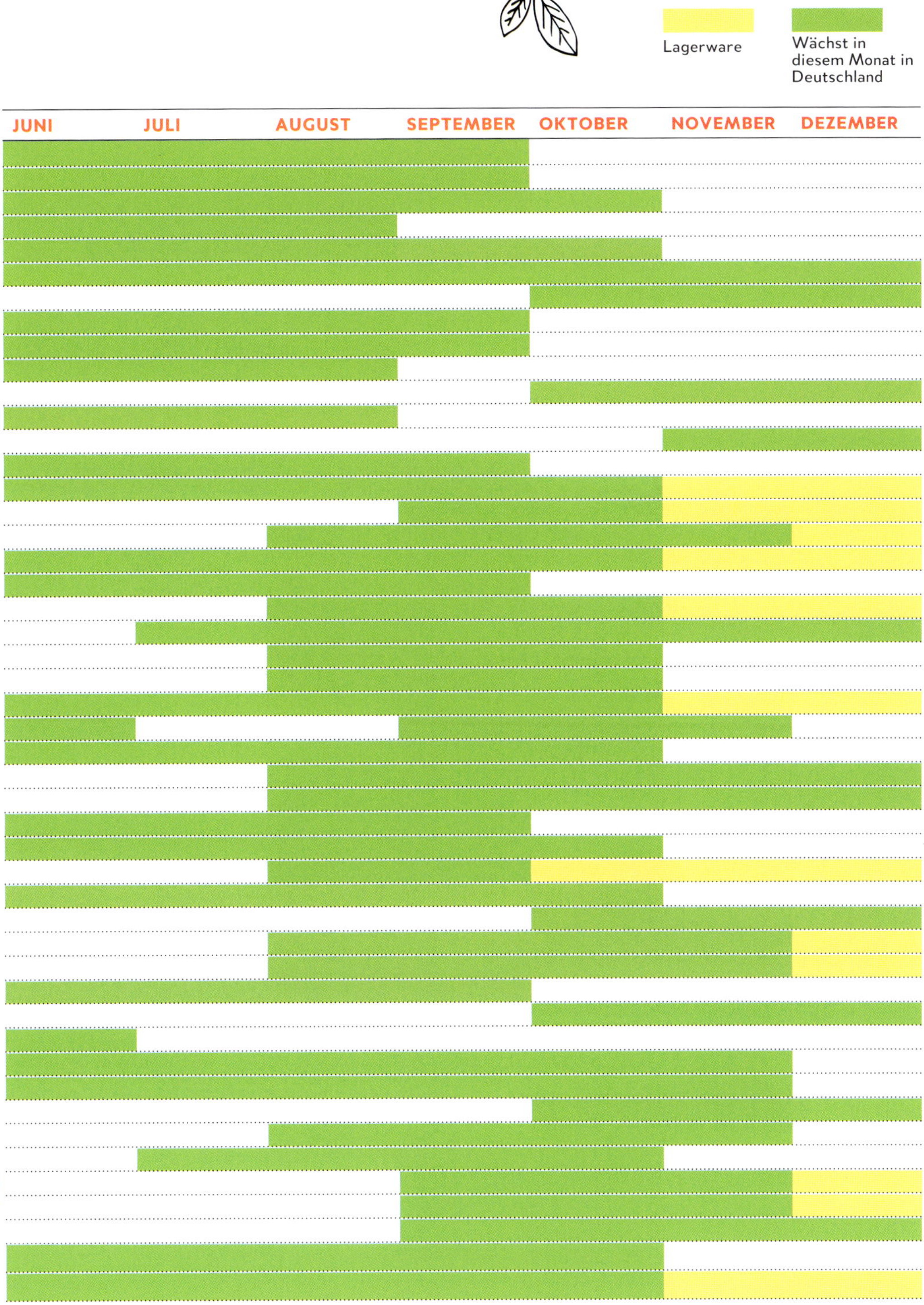
Lagerware
Wächst in diesem Monat in Deutschland
JUNI
JULI
AUGUST
SEPTEMBER
OKTOBER
NOVEMBER
DEZEMBER

REZEPTE

EASTERN
Winterslaw

FÜR 4 PORTIONEN

- ½ kleiner Rotkohl (ca. 500 g)
- Salz
- 150 g möglichst frisches Sauerkraut
- 1 Apfel
- 1 TL Honig
- 3 EL Apfelsaft
- 2–4 EL Rotweinessig
- 2 EL Sonnenblumenöl
- Pfeffer
- 3 EL getrocknete Cranberrys
- 50 g Haselnussblättchen
- 3 Frühlingszwiebeln
- 1 kleines Bund Dill

SO GEHT'S

1 Den Rotkohl waschen, längs halbieren und den Strunk keilförmig herausschneiden. Die Viertel halbieren und in feine Streifen schneiden oder hobeln. Mit 1 Prise Salz mischen und mit den Händen kneten, bis der Kohl weicher wird. Sauerkraut auflockern und auseinanderzupfen. Apfel waschen, vierteln, putzen und die Viertel in dünne Spalten schneiden. Aus Honig, Apfelsaft, 2 EL Essig und Öl eine Marinade zusammenrühren, kräftig salzen und pfeffern. Mit den vorbereiteten Zutaten und Cranberrys mischen und 2–3 Stunden ziehen lassen.

2 Inzwischen die Haselnussblättchen in einer Pfanne ohne Fett rösten, bis sie leicht bräunen und duften, dann abkühlen lassen. Frühlingszwiebeln waschen, putzen und mit dem Grün in Ringe schneiden. Dill waschen, trocken schütteln, Spitzen abzupfen und grob hacken. Den Salat mit Salz, Pfeffer und evtl. nochmals Essig abschmecken, dann Frühlingszwiebeln, Haselnussblättchen und Dill unterheben.

ÜBERBACKENER Chicorée

FÜR 4 PORTIONEN

- 4 Chicorée
- 2 Knoblauchzehen
- 1 Zitrone
- 120 g cremiger Gorgonzola
- 2 Msp. frisch geriebene Muskatnuss
- Salz
- Pfeffer
- 5–6 Walnusskerne
- 2–3 EL Walnussöl

SO GEHT'S

1 Den Backofen auf 180 °C (Umluft) vorheizen. Chicorée waschen, von seinen Strünken befreien und längs halbieren. Die Hälften mit der inneren Seite nach oben nebeneinander in eine Auflaufform legen.

2 Knoblauchzehen schälen. Zitrone halbieren und 1 Hälfte auspressen. Gorgonzola, 2 EL Zitronensaft sowie Muskatnuss in eine Schale geben und den Knoblauch hineinpressen. Mit Salz und Pfeffer leicht würzen. Anschließend alles mit einer Gabel gut miteinander vermengen. Die Walnüsse grob hacken.

3 Die Käsemischung in gleichen Teilen auf die Chicoréehälften verteilen. Dazu einen Teil des Käses jeweils zwischen die einzelnen Blattlagen streichen und einen Teil auf dem Chicorée verteilen. Im Anschluss mit Walnussöl gleichmäßig beträufeln und die gehackten Walnüsse darüberstreuen.

4 Im heißen Ofen (Mitte) 20 Minuten backen, bis der Käse geschmolzen ist und die Blätter des Chicorées weich sind. Mit frischem Baguette servieren.

SÜSSKARTOFFELN

mit roter Bete

FÜR 4 PORTIONEN

- 4 Süßkartoffeln (je ca. 200 g)
- Olivenöl
- 1 Knoblauchzehe
- 1 Zwiebel
- 4–5 gekochte Rote Beten (vakuumiert)
- Garam Masala (indische Gewürzmischung, alternativ Currypulver)
- Salz
- Chilipulver (nach Belieben)
- 40 g Butter
- 4 EL Joghurt
- Kresse zum Dekorieren

SO GEHT'S

1 Den Ofen auf 180 °C (Ober-/Unterhitze) vorheizen. Die Süßkartoffeln putzen, mit Olivenöl einreiben und auf einem Blech für ca. 40 Minuten in den Ofen (Mitte) schieben. Knoblauch und Zwiebel schälen. Rote Bete, Knoblauch und Zwiebel in feine Würfel schneiden, alles vermengen und in eine Auflaufform geben. Mit Garam Masala und Salz würzen (nach Belieben Chili hinzugeben) und mit etwas Olivenöl beträufeln.

2 Die Auflaufform in den letzten 10 Minuten mit in den heißen Ofen (unten) stellen. Sobald die Süßkartoffeln gar sind, gemeinsam mit der Roten Bete aus dem Ofen nehmen.

3 Nun die Süßkartoffeln der Länge nach aufschneiden und etwas öffnen. Je eine Butterflocke und etwas Salz in die Kartoffeln geben und mit einer Gabel das Innere etwas zerdrücken. Anschließend mit dem Rote-Bete-Mix füllen. Je 1 EL Joghurt auf die Rote Beten geben und mit Kresse dekorieren.

TIPP

Wer mag, kann natürlich auch frische Rote Bete verwenden. Diese kann im Ganzen gekocht werden. Dauert allerdings je nach Größe der Bete bis zu 1½ Stunden – lohnt sich aber.

ROTE-BETE-SALAT
mit Backpflaumen

FÜR 4 PORTIONEN

- 50 g Walnusskerne
- 5 EL Apfelsaft
- 2–3 EL Rotweinessig
- 3 EL Sonnenblumenöl
- Salz
- Pfeffer
- 6 Soft-Trockenpflaumen
- 500 g Rote Bete
- 60 g frischer Meerrettich
- 1 säuerlicher Apfel (z. B. Granny Smith)
- ½ Bund Dill

SO GEHT'S

1 Die Walnüsse in einer Pfanne ohne Fett rösten, bis sie duften und leicht bräunen, dann abkühlen lassen und grob hacken. Apfelsaft, 2 EL Essig und Öl kräftig verrühren und mit Salz und Pfeffer würzen.

2 Die Trockenpflaumen in kleine Stücke schneiden. Die Rote Bete und den Meerrettich schälen und beides auf einer Gemüsereibe in feine Streifen hobeln (Gummihandschuhe tragen, da die Rote Bete stark färbt) – wer möchte, raspelt den Meerrettich etwas feiner. Den Apfel waschen, vierteln, putzen und die Viertel in schmale Spalten schneiden.

3 Rote Bete, Meerrettich, Apfel, Trockenpflaumen und einen Teil der Walnüsse mit dem Dressing mischen und ca. 30 Minuten ziehen lassen.

4 Währenddessen den Dill waschen, trocken schütteln, die Spitzen abzupfen und grob hacken. Den Salat mit Salz, Pfeffer und evtl. nochmals mit Essig abschmecken, dann einen Großteil des Dills unterheben. Den übrigen Dill mit den restlichen Walnüssen auf den Salat streuen und servieren.

NUSSIGER KÜRBIS-
Kartoffel-Stampf

FÜR 4 PORTIONEN

- 5 EL Haselnusskerne
- 400 g mehligkochende Kartoffeln
- 400 g Hokkaido-Kürbis
- 200 g Knollensellerie
- Salz
- 60 g Butter
- 200 g Sahne
- Pfeffer

UND SO GEHT'S

1 Haselnüsse grob hacken. Kartoffeln, Kürbis und Knollensellerie schälen und in Stücke schneiden. In einem Topf mit Salzwasser bedeckt zum Kochen bringen und etwa 20 Minuten garen.

2 Inzwischen die Haselnüsse in einer Pfanne ohne Fett rösten. In einer zweiten Pfanne die Butter zerlassen und bräunen, die gerösteten Nüsse unterrühren. Das Gemüse mit einem Kartoffelstampfer oder mit einem Stabmixer pürieren. Sahne und Nussbutter unterrühren und mit Salz und Pfeffer abschmecken.

KULAJDA –
Pilz-Kartoffel-Suppe

FÜR 4 PORTIONEN

- 20 g getrocknete (Misch-) Pilze
- 200 g gemischte Waldpilze (alternativ braune Champignons)
- 1 Knoblauchzehe
- 1 Zwiebel
- 4 festkochende Kartoffeln
- 1 kleine Petersilienwurzel
- 25 g Butter
- 1 EL Mehl
- 700 ml Gemüsebrühe (s. S. 7)
- 1 Lorbeerblatt
- Salz
- Pfeffer
- 1 Bund Petersilie
- 5 EL Weißweinessig
- 4 Eier (Größe M)
- 200 g Sahne

SO GEHT'S

1 Die getrockneten Pilze für ca. 30 Minuten in 100 ml heißem Wasser einweichen. Herausnehmen und klein hacken, das Einweichwasser aufbewahren. Die frischen Pilze putzen und in mundgerechte Stücke schneiden. Knoblauch und Zwiebel schälen und fein hacken. Die Kartoffeln schälen und in ca. 1 cm große Würfel schneiden. Die Petersilienwurzel schälen und in dünne Scheiben schneiden (den dicken Teil evtl. halbieren oder vierteln).

2 Die Hälfte der Butter in einem Suppentopf erhitzen und darin die Zwiebel goldgelb andünsten. Das Mehl zugeben, kurz anschwitzen, mit etwas Gemüsebrühe ablöschen und mit einem Schneebesen verrühren, nach und nach die restliche Brühe zugeben. Die eingeweichten Pilze samt Einweichwasser, Lorbeerblatt, Kartoffeln und Petersilienwurzel zugeben, salzen, pfeffern und zugedeckt bei kleiner bis mittlerer Hitze 20–25 Minuten köcheln lassen.

3 Die Petersilie waschen, trocken schütteln, Blättchen abzupfen und fein hacken. Die übrige Butter erhitzen und darin die frischen Pilze und den Knoblauch braun braten, salzen, pfeffern und vom Herd nehmen.

4 In einem Topf reichlich Wasser mit Salz und 3 EL Essig aufkochen, die Hitze reduzieren, sodass das Wasser gerade noch siedet. Die Eier nacheinander einzeln in einer Tasse aufschlagen. Mithilfe eines Esslöffels einen Strudel im Wasser rühren und jeweils 1 Ei vorsichtig hineingleiten lassen. Die Eier so nacheinander im heißen Wasser in 4–5 Minuten pchieren und vorsichtig mit einer Schaumkelle herausheben. Warmhalten.

5 Sahne in die Suppe geben, unterrühren und heiß werden lassen. Mit Salz, Pfeffer und dem übrigen Essig abschmecken. Die Suppe auf Teller verteilen, gebratene Pilze hinzufügen, jeweils 1 Ei in die Mitte geben. Mit Petersilie bestreut servieren.

HACK-LAUCH-
Käsesuppe

FÜR 4 PORTIONEN

- 1 große Stange Lauch
- 1 Zwiebel
- 1 Knoblauchzehe
- 350 g Kartoffeln
- 1 Möhre
- 50 g Butter
- 300 g Rinderhack
- 1 EL Mehl
- 200 g Sahne
- 1 l Brühe (s. S. 6 oder 7)
- 150 g Bergkäse
- 200 g Schmelzkäse

SO GEHT'S

1 Den Lauch in feine Ringe schneiden und anschließend waschen. Die Zwiebel und den Knoblauch schälen und in kleine Würfel schneiden. Die Kartoffeln und die Möhre schälen. Die Kartoffeln in walnussgroße Würfel schneiden, die Möhre grob raspeln.

2 In einem großen Topf die Butter schmelzen. Das Rinderhack darin anbraten, bis es krümelig ist und Farbe bekommt. Das Gemüse dazugeben und mit anbraten. Wenn das Gemüse glasig geworden ist, mit dem Mehl bestreuen, kurz umrühren und mit der Sahne und der Brühe ablöschen. Den Eintopf zum Kochen bringen und so lange köcheln lassen, bis das Gemüse gar ist.

3 In der Zwischenzeit den Bergkäse reiben und zusammen mit dem Schmelzkäse in die Suppe geben. Alles noch einmal umrühren, sodass der Käse schmilzt, und servieren.

KÜRBISSUPPE

mit fruchtigem Apfel

FÜR 4 PORTIONEN

- 1 Knoblauchzehe
- 2 Zwiebeln
- 1 Möhre
- 1 Knollensellerie
- 1 Butternuss-Kürbis (Hokkaido oder ein anderer Kürbis geht natürlich auch)
- 2 Äpfel
- 50 g Butter
- 100 ml Apfelsaft
- 50 ml Weißwein
- 200 g Sahne
- 2 Lorbeerblätter
- Salz
- Pfeffer
- geriebene Muskatnuss
- 1–2 TL Cayennepfeffer
- 100 g Speck (am Stück) (nach Belieben)
- 100 g Kürbiskerne
- 150 g Crème fraîche (nach Belieben)
- etwas Kürbiskernöl

SO GEHT'S

1 Knoblauch, Zwiebeln, Möhre und Knollensellerie schälen. Den Kürbis und die Äpfel waschen, putzen und bis auf ein Viertel des Kürbisses in grobe Würfel schneiden. Mit dem anderen Gemüse genauso verfahren.

2 Die Butter in einem Topf schmelzen lassen und das Gemüse und die Äpfel darin anschwitzen. Mit Apfelsaft, Weißwein und Sahne aufgießen. Die Lorbeerblätter dazugeben, mit Salz, Pfeffer, 1 Prise Muskat und Cayennepfeffer (hier vorsichtig dosieren) abschmecken und das Gemüse darin gar kochen.

3 Den Ofen auf 180 °C (Ober-/Unterhitze) vorheizen. In der Zwischenzeit den übrigen Kürbis und nach Belieben den Speck in feine Würfel schneiden und zusammen ca. 15 Minuten im heißen Ofen knusprig und goldbraun werden lassen. Die Kürbiskerne in einer beschichteten Pfanne ohne Öl rösten.

4 Wenn das Gemüse gar ist, alles mit einem Stabmixer zu einer Suppe pürieren und erneut abschmecken. Die Suppe in Schalen füllen und einen Klecks Crème fraîche in die Mitte geben. Speck und Kürbis aus dem Ofen oben draufgeben, etwas Kürbiskernöl drumherum träufeln. Die Suppe noch mit ein paar Kürbiskernen dekorieren und servieren.

STECKRÜBEN-CURRY

mit Kichererbsen

FÜR 4 PORTIONEN

- 700 g Steckrüben
- 1 Stange Staudensellerie
- 1 dicke Möhre
- 1 Zwiebel
- 1 Knoblauchzehe
- 20 g frischer Ingwer
- 1 Dose Kichererbsen (240 g Abtropfgewicht)
- 3 EL Butterschmalz (alternativ Pflanzenöl)
- 2 TL indische Currypaste (alternativ ½–1 TL Currypulver)
- 1 Dose stückige Tomaten (400 g Füllgewicht)
- Salz
- ½ TL Zucker
- ½ TL Garam Masala (indische Gewürzmischung)
- ½ Bund Koriandergrün
- 200 g griechischer Joghurt (10 % Fett)

SO GEHT'S

1 Die Steckrüben schälen und in ca. 2 cm große Würfel schneiden. Staudensellerie waschen, putzen, dabei das Grün beiseitelegen. Die Stange längs halbieren und in kleine Stücke schneiden. Möhre schälen und klein würfeln. Zwiebel, Knoblauch und Ingwer schälen. Zwiebel fein würfeln, Ingwer und Knoblauch getrennt fein hacken. Die Kichererbsen in ein Sieb abgießen und abtropfen lassen, dabei die Einlegeflüssigkeit auffangen.

2 Butterschmalz oder Öl in einem Topf erhitzen, darin Zwiebel, Sellerie, Möhre und Knoblauch bei mittlerer Hitze 3–4 Minuten unter gelegentlichem Rühren andünsten. Steckrüben, Ingwer und Currypaste (oder Pulver) hinzufügen und alles unter Rühren 2 Minuten weiter braten. Mit Tomaten und 100 ml Kichererbsenflüssigkeit ablöschen. Mit ½ TL Salz und Zucker würzen und zugedeckt bei mittlerer Hitze 20–25 Minuten köcheln lassen, dabei gelegentlich durchrühren, evtl. etwas Kichererbsenflüssigkeit oder Wasser nachgießen – das Curry sollte aber am Ende dickflüssig eingekocht sein.

3 Kichererbsen und Garam Masala unter das Curry rühren und weitere 10–15 Minuten zugedeckt garen. Koriandergrün waschen, trocken schütteln, Blättchen abzupfen und mit dem beiseite gelegten Selleriegrün klein hacken. Das Curry mit Salz, Zucker und Garam Masala abschmecken. Einen Teil Sellerie- und Koriandergrün unterrühren. Auf Teller verteilen und vor dem Servieren je einen guten Klecks Joghurt daraufgeben und mit übrigem Sellerie- und Koriandergrün bestreuen.

BORSCHTSCH

FÜR 4 PORTIONEN

Für Brühe und Fleisch

- 600 g Suppenfleisch
- 500 g Rindermarkknochen
- 1 Rinderbeinscheibe (ca. 400 g)
- 1 Zwiebel
- 1 dicke Möhre
- 1 große Petersilienwurzel
- 1 kleine Stange Lauch
- 1 TL schwarze Pfefferkörner
- 1 Lorbeerblatt, Salz

Für den Eintopf

- 400 g Rote Bete
- 2 dicke Möhren
- 1 große Petersilienwurzel
- 300 g Weißkohl
- 2 Zwiebeln
- 3 EL Schweine- oder Butterschmalz
- 1½ EL Mehl
- 1 TL getrockneter Majoran
- 1½ Lorbeerblätter
- Salz, Pfeffer
- 1 kleines Bund Dill
- 2–3 EL Weißweinessig
- 200 g Schmand

SO GEHT'S

1 Fleisch und Knochen mit kaltem Wasser abbrausen und abtropfen lassen. Zwiebel quer halbieren und samt Schale mit der Schnittseite nach unten in einen Suppentopf legen und rösten, bis sie stark gebräunt ist. Mit 2,5 l Wasser aufgießen und Knochen, Beinscheibe sowie Fleisch zugeben und zum Köcheln bringen, den aufsteigenden Schaum immer wieder mit einem Löffel abnehmen.

2 Möhre und Petersilienwurzel schälen und beides in grobe Stücke schneiden. Lauch putzen, waschen und in längere Stücke schneiden. Sobald wenig bis kein Schaum mehr aufsteigt, Gemüse, Pfefferkörner und Lorbeerblatt zugeben und zugedeckt 2½ – 3 Stunden köcheln lassen, bis das Fleisch weich ist. Gegen Ende salzen, das Fleisch herausheben, Knochen, Beinscheibe und Gemüse entfernen, die Brühe durch ein Sieb abgießen und auffangen.

3 Inzwischen Rote Bete, Möhren und Petersilienwurzel schälen (Gummihandschuhe tragen, da die Bete stark färbt) und getrennt auf einer Gemüsereibe in dünne Streifen hobeln. Kohl waschen, Strunk herausschneiden und Blätter in kurze Streifen schneiden. Zwiebeln schälen und würfeln. Schmalz in einem Suppentopf erhitzen, darin die Zwiebeln goldgelb andünsten. Möhre und Petersilienwurzel zugeben und unter Rühren 2 Minuten mitdünsten. Kohl und Rote Bete zugeben, Mehl darüberstäuben und alles 3 Minuten unter Rühren dünsten. 1,2 l Brühe abmessen und zugießen, Majoran und Lorbeerblätter zugeben, salzen, pfeffern und zugedeckt 30 Minuten leicht köcheln lassen.

4 Das Suppenfleisch in kleine Stücke schneiden. Dill waschen, trocken schütteln, Spitzen abzupfen und grob hacken. Fleisch in die Suppe geben und weitere 15–20 Minuten garen. Mit Essig, Salz und Pfeffer abschmecken. Den Borschtsch auf Teller verteilen, etwas Schmand daraufgeben und mit Dill bestreuen.

KRUPNIK –

Graupensuppe

FÜR 4 PORTIONEN

Für die Brühe

- 1 Zwiebel
- 2 Hähnchenschenkel (ca. 700 g)
- 1 Möhre
- ½ Stange Lauch
- 80 g Knollensellerie
- ½ TL schwarze Pfefferkörner
- 2 Pimentkörner
- 1 Lorbeerblatt
- Salz, Pfeffer

Für die Einlage

- 500 g festkochende Kartoffeln
- 2 dicke Möhren
- 1 Petersilienwurzel
- 150 g braune Champignons
- 2 EL Butter
- 2 Schalotten
- Salz, Pfeffer
- 60 g Gerstengrütze (s. Tipp)
- 1 kleines Bund krause Petersilie
- frisch geriebene Muskatnuss

SO GEHT'S

1 Die Zwiebel schälen, quer halbieren und mit den Schnittflächen nach unten in einem Suppentopf dunkelbraun rösten, mit 1,2 l Wasser ablöschen. Hähnchen kalt abwaschen und in den Topf geben (es sollte mit Wasser bedeckt sein). Den Topfinhalt zum Sieden bringen, den aufsteigenden Schaum mit einem Schaumlöffel abnehmen. Die Hitze reduzieren und zugedeckt ca. 15 Minuten köcheln lassen.

2 Das Suppengemüse waschen, schälen und in grobe Stücke schneiden. Mit Pfeffer, Piment und Lorbeer in die Brühe geben und 1½ Stunden zugedeckt leicht köcheln lassen, gegen Ende salzen. Fleisch und Gemüse herausnehmen, die Brühe durch ein Sieb abgießen und bei großer Hitze auf gut 1 l einkochen.

3 Die Kartoffeln schälen und in Würfel schneiden. Möhren und Petersilienwurzel schälen und grob raspeln. Champignons putzen und in Scheiben schneiden. Die Butter in einem Suppentopf erhitzen, Schalotten schälen, fein würfeln und darin goldgelb andünsten. Die Pilze zugeben und braten, salzen, pfeffern und vom Herd nehmen.

4 Kartoffeln, Gerstengrütze, Möhren und Petersilienwurzel in die heiße Brühe geben und bei mittlerer Hitze 10–15 Minuten garen. Die Haut von den Hähnchenkeulen lösen, das Fleisch von den Knochen zupfen und in Stücke schneiden. Die Petersilie waschen, trocken schütteln, Blättchen abzupfen und hacken. Das Fleisch in die Suppe geben und heiß werden lassen. Mit Salz, Pfeffer und Muskatnuss abschmecken, mit Petersilie bestreuen und servieren.

TIPP

Gerstengrütze dickt die Suppe leicht an und gibt ihr Konsistenz. Alternativ kann man auch Buchweizengrütze oder Perlgraupen nehmen – beide haben allerdings eine wesentlich längere Kochzeit und müssen daher vorab in der Brühe gegart werden.

ROSENKOHL-
auflauf

FÜR 4 PORTIONEN

- 250 g Kartoffeln
- 750 g Rosenkohl
- 1 Zwiebel
- 1 kleine Knoblauchzehe
- 200 g Speck (am Stück)
- 30 g Butter
- 30 g Mehl
- 200 g Sahne
- 150 ml Gemüsebrühe (s. S. 7)
- 150 g Bergkäse (am Stück)
- Salz
- Pfeffer
- geriebene Muskatnuss
- 3 EL neutrales Öl

SO GEHT'S

1 Die Kartoffeln schälen und mithilfe einer Reibe grob raspeln. Den Rosenkohl waschen, von den äußeren Blättern befreien, den Strunk etwas abschneiden und halbieren. Die Zwiebel und den Knoblauch schälen und in feine Würfel schneiden. Den Speck ebenfalls in Würfel schneiden.

2 Die Butter in einem Topf zum Schmelzen bringen, das Mehl mit einem Schneebesen einrühren und mit der Sahne und der Brühe ablöschen und einmal aufkochen. Dabei ständig umrühren. Den Käse fein reiben und in die Sauce rühren. Nun die Sauce mit Salz, Pfeffer und Muskat abschmecken und beiseitestellen.

3 Den Ofen auf 180 °C (Ober-/Unterhitze) vorheizen. Öl in einer Pfanne erhitzen und Rosenkohl, Zwiebeln, Knoblauch und den Speck darin anbraten. Alles in eine Auflaufform füllen, die Sauce darübergießen und mit den geriebenen Kartoffeln bedecken. Etwas salzen und pfeffern und für ca. 25 Minuten im Ofen garen, bis die Kartoffelkruste goldbraun ist.

TIPP

Anstelle der geriebenen Kartoffeln kann auch Kartoffelpüree verwendet werden, um den Auflauf zu überbacken. Anstatt Rosenkohl eignet sich z. B. auch Blumenkohl. Wer mag, kann anstelle von Speck auch Räuchertofu verwenden.

HACKBÄLLCHEN-

auflauf

FÜR 2–3 PORTIONEN

- 400 g Kartoffeln
- 1 Zwiebel
- 1 Knoblauchzehe
- 350 g Rinderhackfleisch
- Salz
- Pfeffer
- 1 Ei (Größe M)
- 1 EL Mehl
- 1 TL Tomatenmark
- 1 TL Paprikapulver
- 1 TL Kräuter der Provence
- 1 TL Kreuzkümmel
- 1 Msp. Zimt
- 250 g Feta
- 1 Dose stückige Tomaten (400 g Füllgewicht)
- Zucker

SO GEHT'S

1 Die Kartoffeln schälen, in Würfel schneiden und in eine Auflaufform geben und den Ofen auf 200 °C (Ober-/Unterhitze) vorheizen. Die Zwiebel und den Knoblauch schälen und beides in sehr feine Würfel schneiden. Das Hackfleisch in eine Schüssel geben, die Zwiebelwürfel und die Hälfte des Knoblauchs hinzufügen. Mit Salz und Pfeffer würzen. Das Ei, Mehl, Tomatenmark und die Gewürze hinzufügen und alles miteinander verkneten.

2 Von dem Feta eine Hälfte in kleine Würfel schneiden. Aus der Hackmasse kleine, flache Scheiben formen, ein Stück Feta hineinlegen und zu einer Kugel formen, sodass die Hackbällchen mit dem Feta gefüllt sind. Die Hackbällchen auf die Kartoffeln legen.

3 Für die Sauce die Tomaten mit je 1 Prise Salz und Zucker, einem kleinen Schluck Wasser (die Dose nochmal ¼ voll machen) und dem restlichen Knoblauch vermengen und über die Hackbällchen und Kartoffeln geben. Mit dem restlichen Feta bestreuen und für ca. 45 Minuten im Ofen backen.

TIPP

Frische Petersilie und Koriander machen sich gehackt auch wunderbar in den Bällchen. Für Veggies funktioniert es auch mit frischem Sojahack.

BAUERNFRÜHSTÜCK

aus dem Ofen

FÜR 4 PORTIONEN

- 500 g Kartoffeln (festkochend oder vorwiegend festkochend) oder gekochte Pellkartoffeln
- Öl zum Braten
- 1 große Zwiebel
- 100 g gewürfelter Bauchspeck
- 4 Eier (Größe M)
- 50 ml Milch
- Salz
- Pfeffer
- gemahlene Muskatnuss
- 30 g Butter (nach Belieben)

SO GEHT'S

1 Am besten funktionieren Bratkartoffeln aus Pellkartoffeln vom Vortag, wenn sie eine Nacht im Kühlschrank waren. Die hat man allerdings nicht immer parat, deswegen kann man hier auch etwas mogeln.

2 Dazu die Kartoffeln schälen und in dünne Scheiben schneiden. Reichlich Öl (sodass nahezu der ganze Pfannenboden bedeckt ist) in einer beschichteten Pfanne erhitzen und die Kartoffelscheiben hineingeben. Jetzt die Hitze etwas reduzieren und die Kartoffeln gelegentlich wenden. In der Zwischenzeit die Zwiebel schälen, halbieren und in Streifen schneiden. Kleiner Tipp: Am besten nicht mit einem Pfannenwender oder Ähnlichem viel umrühren. Die Pfanne sollte möglichst nur geschwenkt werden, damit die Kartoffelscheiben nicht kaputtgehen.

3 Den Ofen auf 180 °C (Ober-/Unterhitze) vorheizen. Sind die Kartoffeln goldbraun, kommen die Speckwürfel dazu. Wenn diese etwas kross geworden sind, die Zwiebeln dazugeben. Die Eier mit der Milch, je 1 Prise Salz, Pfeffer und Muskat verrühren. Dabei vorsichtig mit dem Salz umgehen, da der Speck bereits salzig ist. Die Kartoffeln in eine Auflaufform füllen und mit der Eimasse übergießen. Für ca. 15–20 Minuten im heißen Ofen (Mitte) backen.

GESCHMORTE *Rinderbeinscheiben*

FÜR 4 PORTIONEN

- 1,6 kg Rinderbeinscheiben
- Salz
- 4 EL Pflanzenöl
- 1 große Zwiebel
- 2 Knoblauchzehen
- 3 Möhren
- 6 Stangen Staudensellerie
- 3 große Strauchtomaten
- 3 EL Tomatenmark
- 500 ml Rotwein
- 2 Zweige Rosmarin
- 1 TL Pfefferkörner
- 1 TL Zucker
- Speisestärke (nach Belieben)

SO GEHT'S

1 Die Rinderbeinscheiben von beiden Seiten salzen. Einen gusseisernen Topf mit Deckel auf den Herd stellen und das Pflanzenöl darin erhitzen. Die Rinderbeinscheiben von beiden Seiten scharf darin anbraten, wieder herausnehmen und beiseitelegen.

2 Die Zwiebel, den Knoblauch und die Möhren schälen und in grobe Würfel schneiden. Den Staudensellerie und die Tomaten waschen, putzen und grob würfeln. Das geschnittene Gemüse, bis auf die Tomatenwürfel, in den heißen Topf geben und ebenfalls scharf anbraten. Anschließend das Tomatenmark und die Tomatenwürfel dazugeben und ebenfalls anbraten. Das Gemüse mit dem Rotwein ablöschen und die Rinderbeinscheiben wieder hinzugeben. Nun mit Rosmarin, Pfefferkörnern, Zucker und mit 1 TL Salz würzen.

3 Den Deckel auf den Topf setzen und die Rinderbeinscheiben bei mittlerer Hitze etwa 1 Stunde weich schmoren. Die Sauce kann bei Bedarf noch mit in etwas Wasser eingerührter Stärke gebunden werden.

TIPP

Die Rinderbeinscheiben mit cremiger Polenta servieren.

HÜHNER-
Paprikás

FÜR 4 PORTIONEN

Für die Suppe

- 4 Hähnchenkeulen
- 2 große Zwiebeln
- 3 Knoblauchzehen
- 2 ungarische Spitzpaprika
- 1 große rote Spitzpaprika
- Pflanzenöl zum Braten
- Salz
- Pfeffer
- 1½ EL edelsüßes Paprikapulver
- ½–1 TL rosenscharfes Paprikapulver
- 1 EL Tomatenmark
- 150 ml Weißwein (alternativ Brühe)
- 250 ml Hühnerbrühe (s. S. 6)
- 150 g saure Sahne
- 1 EL Mehl
- ½ Bund Petersilie

SO GEHT'S

1 Die Hähnchenkeulen trocken tupfen, im Gelenk teilen und die Haut abziehen, aber aufbewahren. Zwiebeln schälen und klein würfeln. Knoblauch schälen und fein hacken. Paprika vierteln, putzen, waschen und quer in dünne Streifen schneiden. Etwas Öl in einem Bräter erhitzen, darin die Hähnchenhaut braun anbraten, herausnehmen und wegwerfen. Ein Teil des Bratfetts abgießen (und aufbewahren), im Rest die Zwiebeln langsam (!) goldgelb und weich dünsten, nach der Hälfte der Zeit den Knoblauch dazugeben.

2 Hähnchenkeulen salzen und pfeffern. Paprikapulver unter die Zwiebeln rühren und evtl. etwas Hühnerbratfett dazugeben, unter Rühren kurz bei kleiner Hitze mitbraten. Hähnchenkeulen zugeben und langsam bei mittlerer Hitze anbraten, dabei immer wieder gut durchrühren, damit die Keulen gut von der Zwiebel-Paprika-Mischung überzogen werden – aber nicht zu stark erhitzen, sonst brennt das Paprikapulver an und wird bitter. Tomatenmark zugeben und kurz mitrösten. Mit Wein ablöschen und diesen fast vollständig verkochen lassen. 200 ml Brühe zugeben und alles zugedeckt ca. 15 Minuten bei mittlerer Hitze garen.

3 Paprikastücke unterrühren, nochmals mit Salz und Pfeffer abschmecken und alles weitere 45–60 Minuten bei kleiner bis mittlerer Hitze zugedeckt garen, dabei, falls nötig, noch etwas Brühe zugießen. Die saure Sahne und das Mehl gründlich mit dem Schneebesen verrühren. Die Petersilie waschen, trocken schütteln, Blättchen abzupfen und grob hacken. Etwas Sauce aus dem Bräter abnehmen und mit der sauren Sahne verrühren, dann die gesamte Sahne-Saucen-Mischung in den Bräter geben und unterrühren. Nochmal 5–10 Minuten bei kleiner Hitze köcheln lassen. Mit Petersilie bestreuen und servieren.

BŒUF *Stroganoff*

FÜR 4 PORTIONEN

- 600 g Rinderfilet
- 250 g braune Champignons
- 100 g kleine Salz- oder Essiggurken
- 2 Schalotten
- 250 ml Rinderbrühe (s. S. 6)
- Butterschmalz
- Salz
- Pfeffer
- 1 EL Mehl
- 1 TL (Estragon-)Senf
- 2 Stängel Estragon
- 2 EL Crème fraîche
- 2 EL saure Sahne

SO GEHT'S

1 Das Rinderfilet trocken tupfen und erst in ca. 1 cm breite Scheiben, dann quer in ca. 1 cm breite Streifen schneiden. Champignons säubern, putzen und je nach Größe halbieren, vierteln oder sogar sechsteln. DieGurken in dünne Scheiben schneiden. Schalotten schälen und fein würfeln. Die Rinderbrühe in einem Topf erhitzen.

2 In einer beschichteten Pfanne mit hohem Rand ausreichend Butterschmalz erhitzen und darin die Rindfleischstreifen bei großer Hitze braten, sodass sie zwar leicht bräunen, aber nicht zu lange braten und zäh werden. Herausnehmen, salzen und pfeffern.

3 Falls nötig, wieder etwas Butterschmalz in der Pfanne erhitzen und darin die Schalotten goldgelb andünsten. Die Pilze zugeben und bei mittlerer bis hoher Hitze mitanbraten. Dann das Mehl darüberstäuben und 1 Minute unter Rühren mitrösten, anschließend den Senf unterrühren. Mit der heißen Brühe ablöschen und alles 5–7 Minuten bei mittlerer Hitze kochen lassen.

4 Den Estragon waschen, trocken schütteln, Blättchen abzupfen und fein hacken. Mit Gurken und Fleisch samt evtl. ausgetretenem Bratensaft in die Pfanne geben und bei kleiner bis mittlerer Hitze heiß werden lassen. Anschließend erst Crème fraîche, dann die saure Sahne unterrühren und beides ebenfalls heiß werden lassen. Am besten mit Bandnudeln oder Kartoffelbrei servieren.

KOHLROULADEN

FÜR 4 PORTIONEN

- 125 g Langkornreis
- Salz
- 1 Weißkohl (ca. 1,2 kg)
- 2 dicke Möhren
- 3 große Zwiebeln
- 1 großes Bund krause Petersilie
- Pflanzenöl zum Braten
- 2 ½ EL Tomatenmark
- 450 g gemischtes Hackfleisch
- ½ TL getrockneter Majoran
- 2 Msp. gemahlener Piment
- Pfeffer
- 400 ml Gemüse- oder Fleischbrühe (s. S. 6–7)
- 1 Lorbeerblatt
- 150 g saure Sahne (nach Belieben)

SO GEHT'S

1 Den Reis in einem Sieb mit kaltem Wasser abbrausen und abtropfen lassen. In einem Topf 1 l Salzwasser aufkochen, den Reis darin 5 Minuten sprudelnd kochen, in ein Sieb abgießen, kalt abbrausen und abtropfen lassen. Den Kohl waschen, unschöne Blätter entfernen, den Strunk mit einem Messer keilförmig herausschneiden. In einem großen Topf Wasser aufkochen. Den Kohl darin garen, bis sich die ersten äußeren Blätter lösen und biegsam werden, dabei den Kohl ab und an wenden und so nach und nach alle großen Blätter lösen.

2 Möhren schälen, putzen und auf einer Gemüsereibe grob raspeln. Zwiebeln schälen und fein würfeln. Petersilie waschen, trocken schütteln, Blättchen abzupfen und fein hacken. In einem weiten Bräter 4–5 EL Öl erhitzen, darin die Zwiebeln goldgelb andünsten. Möhren zugeben und bei großer Hitze 3–4 Minuten unter Rühren mitdünsten. Tomatenmark unterrühren und kurz anrösten. Vom Herd nehmen, die Hälfte des Pfanneninhalts herausnehmen und mit Petersilie (ein wenig davon beiseitelegen), abgetropftem Reis und Hackfleisch vermengen. Masse kräftig mit Majoran, Piment, Salz und Pfeffer würzen.

3 Kohlblätter mit der Wölbung nach unten flach auslegen, den Strunk keilförmig herausschneiden. In die Mitte jedes Blattes knapp 2 EL Füllung geben (evtl. vorher zu einem Bällchen formen). Nun erst den oberen und unteren Teil über die Füllung schlagen, dann die äußeren beiden Seiten, dabei die Füllung leicht platt drücken – die Rouladen sehen also eher wie kleine rechtecktige Kuverts oder Päckchen aus.

4 Den Backofen auf 180 °C (Ober-/Unterhitze) vorheizen. In einer beschichteten Pfanne ausreichend Öl erhitzen, darin die Päckchen beidseitig bei großer Hitze anbraten, bis der Kohl schön bräunt. Die Brühe mit Lorbeerblatt zu der Masse im Bräter geben und aufkochen. Vom Herd nehmen, Kohlpäckchen mit der offenen Seite nach unten in den Bräter legen und zugedeckt in 45–50 Minuten im heißen Ofen (Mitte) schmoren. Die Rouladen, mit Petersilie bestreut, mit saurer Sahne und Salzkartoffeln servieren.

PILZSCHMORTOPF

à la Bourguignon

FÜR 4 PORTIONEN

Für den Pilzschmortopf

- 4 Zwiebeln
- 300 g Möhren
- 2 EL Olivenöl
- 15 g getrocknete Steinpilze
- 2 Knoblauchzehen
- ½ Bund Thymian
- 750 g gemischte Pilze
- 2 EL Mehl
- 1 EL Tomatenmark
- 200 ml trockener Rotwein
- 3 EL Sojasauce
- ½ TL geräuchertes Paprikapulver
- 1 Lorbeerblatt
- Salz
- Pfeffer
- 2 EL gehackte Petersilie

Für die Polenta

- ca. 600 ml Milch
- Salz
- frisch geriebene Muskatnuss
- 140 g Polenta (Maisgrieß)
- 15 g Butter

SO GEHT'S

1 Die Zwiebeln schälen, halbieren und in schmale Scheiben schneiden oder hobeln. Die Möhren putzen, schälen, längs halbieren und in ca. 0,5 cm dicke Scheiben schneiden. Das Öl in einem Schmortopf erhitzen, Zwiebeln und Möhren darin ca. 20 Minuten bei niedriger Hitze schmoren. Dabei öfter umrühren, vor allem am Ende, wenn die Zwiebeln zu bräunen beginnen.

2 Die getrockneten Pilze in 200 ml heißem Wasser einweichen. Den Knoblauch schälen und fein würfeln. Den Thymian waschen, trocken schütteln, Blättchen von den Stielen zupfen und hacken. Die Pilze putzen und halbieren. Zusammen mit Knoblauch und Thymian zur Zwiebelmischung geben und ca. 5 Minuten unter Wenden kräftig anbraten. Mit Mehl bestäuben und ca. 1 Minute anschwitzen. Das Tomatenmark einrühren.

3 Eingeweichte Pilze abgießen, Flüssigkeit dabei auffangen. Pilze klein schneiden. Pilze, aufgefangene Flüssigkeit, Wein, Sojasauce, 200 ml Wasser, Paprikapulver und das Lorbeerblatt zugeben. Aufkochen und bei niedriger Hitze ohne Deckel 20–30 Minuten schmoren. Dabei öfter umrühren.

4 Für die Polenta Milch mit ca. 600 ml Wasser in einen Topf geben, mit etwas Salz und Muskat würzen, aufkochen. Die Polenta unter Rühren einstreuen, alles aufkochen und bei sehr niedriger Hitze ca. 15 Minuten quellen lassen. Dabei regelmäßig umrühren. Polenta vom Herd nehmen, Butter einrühren und zugedeckt ca. 5 Minuten ziehen lassen. Mit Salz abschmecken. Den Pilzschmortopf mit Salz und Pfeffer abschmecken, mit Petersilie bestreuen und mit der Polenta servieren.

KRAUTFLECKERL

FÜR 4 PORTIONEN

Für die Fleckerl

- 300 g Weizenmehl (Type 550 oder italienisches Tipo 00), plus etwas mehr zum Arbeiten
- Salz
- 3 Eier (Größe M)
- 1 TL Pflanzenöl

Für das Kraut

- 1 kg Weißkohl
- 2 Zwiebeln
- 3 EL Schweine-, Butterschmalz oder Pflanzenöl
- Zucker
- Salz
- Pfeffer
- 1 TL Kümmelsamen
- 2–3 EL Weißweinessig

SO GEHT'S

1 Für den Nudelteig Mehl und 1 TL Salz in einer Schüssel mischen. Eier, Öl und 3–4 EL kaltes Wasser zugeben und so lange kneten, bis sich alles gut verbunden hat. Den Teig auf der leicht bemehlten Arbeitsfläche weitere 5 Minuten kräftig zu einem glatten Teig kneten. Zur Kugel formen, in eine verschließbare Frischhaltebox geben und 1 Stunde ruhen lassen.

2 Den Nudelteig vierteln und auf einer leicht bemehlten Arbeitsfläche jeweils zu ca. 1 mm dünnen Teigbahnen ausrollen. Die Teigbahnen längs mit einem Messer (Nudelrad oder Pizzaschneider) in 2–3 cm breite Streifen schneiden, diese dann quer in 3–4 cm lange Stücke. Leicht mit Mehl überstäuben und kurz ruhen lassen.

3 Inzwischen den Kohl halbieren (äußere unschöne Blätter vorher entfernen), den Strunk herausschneiden, den Kohl in ca. 1 cm große Quadrate schneiden. Zwiebeln schälen und fein würfeln. In einem großen Topf das Fett erhitzen und darin die Zwiebeln goldgelb andünsten. 3 EL Zucker darüberstreuen und unter Rühren braten, bis der Zucker leicht karamellisiert. Den Kohl zugeben und unter ständigem Rühren 2–4 Minuten anbraten. Die Hitze reduzieren. Mit Salz, Pfeffer und Kümmel würzen, dann 4–5 EL Wasser und 2 EL Essig unterrühren. Bei mittlerer Hitze zugedeckt ca. 45 Minuten garen, dabei zwischendurch durchrühren und evtl. wenig Wasser zugeben.

4 Inzwischen in einem großen Topf reichlich Salzwasser aufkochen. Die Nudeln portionsweise ins kochende Wasser geben und in ca. 2 Minuten bissfest garen. In ein Sieb abgießen und gut abtropfen lassen. So die gesamten Fleckerl garen, anschließend unter das Kraut mischen, heiß werden lassen und servieren.

GEFÜLLTER *Kürbisbraten*

FÜR 4–6 PORTIONEN

Für den Kürbisbraten

- 120 g Langkornreis
- 100 g Puy-Linsen
- Salz
- 1 Butternusskürbis (ca. 1 kg)
- 1 EL Leinsamen
- 100 g junger Spinat, Mangold oder Grünkohl
- 1 Zwiebel
- 1 Knoblauchzehe
- 3 TL Olivenöl
- 2 EL getrocknete Sauerkirschen
- 1 TL getrockneter Thymian
- ½ TL gemahlener Zimt
- frisch geriebene Muskatnuss
- Pfeffer
- Küchengarn

Für die Sauce

- 1 Zwiebel
- 1 TL Olivenöl
- 100 ml Orangensaft
- 1 EL ungesüßtes Mandelmus
- 100 g Sojacreme Cuisine
- Salz
- Pfeffer

SO GEHT'S

1 Reis und Linsen nach Packungsanweisung garen. Inzwischen den Kürbis waschen, trocken reiben, längs halbieren und putzen. Die Kürbishälften über die ganze Länge aushöhlen, sodass rundherum noch ca. 1 cm Rand stehen bleibt. Das Fruchtfleisch zur Seite legen. Die Kürbishälften außen mit einem spitzen Messer rundherum mehrmals einstechen.

2 Reis und Linsen abgießen, abtropfen und abkühlen lassen. Den Backofen auf 200 °C (Ober-/Unterhitze) vorheizen. Leinsamen in einem Blitzhacker fein mahlen. Mit 3 EL heißem Wasser mischen, ca. 15 Minuten quellen lassen. Spinat verlesen, waschen, trocken schütteln, grob hacken. Zwiebel und Knoblauch schälen, fein würfeln und in 2 TL Öl in einer Pfanne andünsten. Spinat zugeben und ca. 5 Minuten andünsten. Kirschen grob hacken, unterrühren und abkühlen lassen.

3 Reis und Linsen mit Spinat-Mischung und aufgequollenen Leinsamen mischen. Kräftig mit Thymian, Zimt, Muskat, Salz und Pfeffer würzen. Kürbishälften innen leicht salzen und die Reis-Mischung gleichmäßig hineinfüllen und glatt streichen. Kürbishälften zusammensetzen, mit Küchengarn mehrmals umwickeln und verschnüren. Auf ein mit Backpapier ausgelegtes Blech legen und rundherum mit 1 TL Öl einpinseln. Im heißen Ofen ca. 1 Stunde backen, nach der Hälfte der Garzeit wenden.

4 Inzwischen für die Sauce die Zwiebel schälen und fein würfeln. Kürbisfleisch grob würfeln. Öl in einem Topf erhitzen, die Zwiebel darin andünsten, das Kürbisfleisch zugeben und 5 Minuten andünsten. Orangensaft und 50 ml Wasser zugeben, aufkochen und zugedeckt ca. 10 Minuten köcheln, bis der Kürbis weich ist. Vom Herd nehmen, Mandelmus und Sojacreme einrühren und alles fein pürieren. Salzen und pfeffern. Den Kürbisbraten aus dem Ofen nehmen, vorsichtig in Scheiben schneiden und mit der Sauce servieren.

KIRSCH-NUSS-
Clafoutis

FÜR 1 TARTEFORM (Ø 26 CM)

Für 4 Portionen

- 600 g Schattenmorellen (Glas)
- 50 g Butter
- ½ Vanilleschote
- 4 Eier (Größe M)
- 2 Msp. gemahlener Zimt
- 120 g Zucker
- 100 g Mehl (Type 405 oder 550)
- 60 g gemahlene Haselnusskerne
- 100 g Sahne
- 150 ml Milch
- 2 EL Kirschwasser (nach Belieben)

SO GEHT'S

1 Die Kirschen in ein Sieb abgießen und abtropfen lassen. Die Butter schmelzen und die Form dünn mit etwas Butter einpinseln. Übrige Butter beiseitestellen. Die Vanilleschote mit einem spitzen Messer längs einritzen und das Mark herauskratzen.

2 Den Backofen auf 180 °C (Ober-/Unterhitze) vorheizen. Vanillemark, Eier und Zimt mit den Schneebesen des Handrührgeräts cremig-weiß aufschlagen, dabei nach und nach 100 g Zucker einrieseln lassen. Dann zunächst Mehl und gemahlene Haselnüsse, danach Sahne, Milch und nach Belieben Kirschwasser sowie die flüssige Butter unterrühren. Den Teig in die gefettete Form geben, die Kirschen darauf verteilen und leicht eindrücken.

3 Den Clafoutis im heißen Ofen (Mitte) ca. 45 Minuten backen. Sobald die Oberfläche nach ca. 10 Minuten beginnt fest zu werden, den übrigen Zucker aufstreuen. Der Clafoutis sollte am Ende goldgelb gebacken, aber noch leicht feucht in der Mitte sein. Herausnehmen, 15–20 Minuten abkühlen lassen und lauwarm servieren.

KÜRBISEIS

mit Malzbier-Karamell

FÜR CA. 800 ML EIS

Für das Kürbiseis

- 500 g Hokkaido-Kürbis
- 80 g Zucker
- 2 Eigelb (Größe L)
- Salz
- 240 ml Vollmilch
- 140 g Sahne

Für das Karamell

- 200 g Zucker
- 150 ml Malzbier
- 150 g Sahne
- ½ TL geräuchertes Meersalz (Smoked Sea Salt)
- 50 g Butter

Außerdem

- Eismaschine
- Küchenthermometer

SO GEHT'S

1 Den Kürbis waschen, putzen. Dann den Kürbis in kleinere Stücke schneiden und weich dämpfen. So behält der Kürbis seinen intensiven Geschmack. Die gegarten Kürbiswürfel in einem hohen Gefäß mit einem Stabmixer fein pürieren.

2 Für das Eis den Zucker mit den Eigelben und 1 Prise Salz so lange mit dem Rührgerät verquirlen, bis die Mischung hellgelb wird. Währenddessen die Milch mit der Sahne in einen Topf geben, langsam erwärmen und dann vorsichtig zur Ei-Mischung gießen. Dabei weiterrühren, bis sich alles zu einer Creme verbunden hat. Die Creme in einen Topf geben und bei mittlerer Hitze unter ständigem Rühren 8–10 Minuten erhitzen, bis sie 70–75 °C warm ist. Die Creme nicht heißer werden lassen, sonst gerinnt sie. Vom Herd nehmen, abkühlen lassen und dann das Kürbispüree unterrühren. Die Mischung im Kühlschrank 1 Stunde lang abkühlen lassen, bis sie vollkommen erkaltet ist. Anschließend zum Gefrieren in eine Eismaschine geben.

3 In der Zwischenzeit das Malzbier-Karamell zubereiten. Dafür den Zucker, ohne zu rühren, in einem Topf karamellisieren lassen und mit dem Malzbier ablöschen. Vorsicht, es spritzt und schäumt! Die Sahne dazugeben und rühren, bis sich der Zucker vollständig gelöst hat. Die Mischung leicht reduzieren, zuerst die Hälfte des Meersalzes und danach die Butter einrühren, bis sie geschmolzen ist. Das fertige Karamell abkühlen lassen. Das gefrorene Eis in einen Behälter geben, drei Viertel des Karamells unterziehen und das Eis 1 Stunde in den Gefrierschrank stellen.

4 Zum Servieren das Eis mit weiterem Karamell beträufeln und mit dem restlichen geräucherten Meersalz bestreuen.

ROTWEINBIRNEN

mit Kardamom-Mascarpone

FÜR 4 PORTIONEN

Für die Rotweinbirnen

- 4 kleinere Birnen
- 400 ml Rotwein
- 150 ml Orangensaft
- 50 g Rohrzucker
- 1 EL Abrieb von 1 Bio-Orange
- 1 EL gehackter Ingwer
- 3 Nelken
- 1 Zimtstange
- 12 Pfefferkörner
- 1 Sternanis

Für den Kardamom-Mascarpone

- 6 Kardamomkapseln
- 100 g Sahne
- 250 g Mascarpone
- 30 g Puderzucker

Für die Lebkuchen -Croûtons

- 4 Pfeffernüsse (Weihnachtsgebäck)
- ½ EL Butter

SO GEHT'S

1 Für die Rotweinbirnen die Birnen schälen, dabei aber den Stiel stehen lassen. Eine schmale Scheibe unten an den Birnen abschneiden, damit man sie hinstellen kann. Alle Zutaten für den Gewürz-Rotwein in einen Topf geben, einmal aufkochen lassen, die Birnen hineinlegen und das Ganze zugedeckt 30 Minuten leicht köcheln lassen. Zwischendurch die Früchte immer mal wieder wenden.

2 Anschließend die Birnen herausnehmen, abtropfen und abkühlen lassen. Für den Kardamom-Mascarpone die Kardamomkapseln in einen Mörser geben und ganz leicht mörsern, sodass die Schale aufbricht. Die Sahne zusammen mit dem zerstoßenen Kardamom aufkochen lassen, dann vom Herd nehmen und abkühlen lassen. Den Mascarpone mit einem Rührgerät leicht aufschlagen, die Sahne durch ein Sieb angießen und noch eine halbe Minute weiterrühren. Den Puderzucker hineinsieben und gut verrühren.

3 Die Pfeffernüsse in kleine Stücke brechen und in einer Pfanne mit der Butter leicht rösten, bis sie ein wenig knusprig sind.

4 Zum Anrichten den Kardamom-Mascarpone auf vier Schüsseln verteilen, die Birnen aufrecht hineinstellen und mit den Lebkuchen-Croûtons bestreuen.

DATTEL-BANANEN-
Traum

FÜR 4 PORTIONEN

- 1 Bio-Limette
- 1 Banane
- 15 Datteln (entsteint)
- 500 ml ungesüßten Sojadrink
- 1–2 Msp. gemahlener Kardamom
- 1 Schokoladenkekse mit Vanillecreme-Füllung (z. B. Oreos)

SO GEHT'S

1 Die Limette heiß waschen, dann die Schale abreiben und den Saft auspressen. Banane in große Stücke schneiden.

2 Datteln und Banane mit Sojadrink und Kardamom in den Standmixer geben und fein pürieren.

3 Den Saft und Abrieb der Limette hinzufügen. In vier Tassen geben und mit zerbröseltem Keks als Topping servieren.

KAKAO MIT
Mini-Marshmallows

FÜR 4 PORTIONEN

- 200 g Sahne
- 200 g dunkle Schokolade
- 1 l Milch
- geriebene Muskatnuss
- 4 EL kleine Marshmallows
- 4 Zimtstangen

SO GEHT'S

Die Sahne steif schlagen. Die Schokolade grob hacken und die Milch gleichzeitig erhitzen. Die Schokolade zur Milch geben und unter stetigem Rühren schmelzen. Mit 1 Prise Muskatnuss würzen und einige Minuten leise simmern lassen.

1 Die heiße Schokolade auf Gläser verteilen. Die Sahne daraufgeben und mit Marshmallows bestreuen. Zum Umrühren eine Zimtstange verwenden.

IMPRESSUM

Bibliografische Information der Deutschen Bibliothek.

Die Deutsche Bibliothek verzeichnet diese Publikation in der Deutschen Nationalbibliografie.

Detaillierte bibliografische Daten sind im Internet über http://www.dnb.de/ abrufbar.

EIN BUCH DER EDITION MICHAEL FISCHER

1. Auflage 2022

Reihengestaltung: Yvonne Witzan
Projektleitung & Lektorat: Julia Bögelein
Cover & Satz: Emilia Ruppel

Bilder: Cover, S. 13, 15, 19, 23, 31, 33, 43–47, 51: Britta Welzer & Svenja Mattner-Shahi; S. 6–7: Sabrina Sue Daniels; Illustrationen S. 8-9: © adehoidar/shutterstock; S. 17, 25–29, 35–39, 49, 53, 55: Lena Pfetzer; S. 21, 41, 61, 63: Guido Schmelich; S.57, 59: Katharina Küllmer

Rezepte: S. 6–7: Rose Marie Donhauser; S. 8–9, 40: Mora Fütterer; S. 12, 18, 22, 30, 32, 42–46, 50: Tanja Dusy; S. 14: Britta Welzer & Svenja Mattner-Shahi; S. 16, 24, 26, 34–38: Zora Klipp; S. 20, 60, 62: Guido Schmelich; S. 28, 48, 52, 54: Inga Pfannebecker & Tanja Dusy; S. 56, 58: Katharina Küllmer

ISBN: 978-3-7459-1236-4

Gedruckt bei Polygraf Print, Čapajevova 44, 08001 Prešov, Slowakei

www.emf-verlag.de